Caterina Pigorini Beri

TATUAJES SAGRADOS Y PROFANOS
DE LA SANTA CASA DE LORETO
editado por Alessandra Borroni

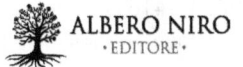
ALBERO NIRO
·EDITORE·

Extraído de
Costumi e superstizioni dell'Appennino Marchigiano
de Caterina Pigorini-Beri
Edición original de
Lapi editore - 1889 - Città di Castello

Los tatuajes sagrados y profanos
de la Santa Casa de Loreto
Traducido por: Alessandra Borroni
2024 © Alessandra Borroni
Albero Niro Editore - Associazione Infinito
www.alberoniro.it
info@alberoniro.it
Codice ISBN: 9798321141687
Casa editrice: Independently published

RESUMEN

Prefacio.. 7
Tatuajes sagrados y profanos
de la Santa Casa de Loreto................................ 11
Notas.. 35
Tablas... 39
Tatuajes de la Orden de San Francisco............. 40
Tatuajes en la Compañía de Jesús..................... 42
Tatuajes comunes a ambas órdenes................... 46
Varios tatuajes religiosos................................... 48
Tatuajes amorosos... 50
Tatuajes de las jóvenes esposas,
los marineros y las viudas................................. 51
El Viaje de la Santa Casa.................................. 52
Biografía de la autora.. 53

PREFACIO
por Alessandra Borroni

Estoy particularmente apegado a la tradición del tatuaje sagrado, a pesar de que no tengo ninguna marca grabada en mi piel.

El tatuaje sagrado va más allá de cualquier rito de tradición religiosa, nace espontáneamente de las personas, relatando una fuerte necesidad de pertenencia y fe. Caterina Pigorini Beri escribió a finales del siglo XIX, en Italia en la región de Marche y fascinada por sus tradiciones, el libro *Costumi e Superstizioni dell'Appennino Marchigiano*, dedicando parte de él a la tradición que se desarrolló en el siglo XV en torno a la Santa Casa de Loreto.

La Santa Casa llegó a la costa de Marche en 1294, y en los siglos siguientes su gran fama y veneración fueron tan populares que llevó a peregrinos y devotos de toda Europa a emprender rutas muy largas e insidiosas para llegar a ella.

Justo aquí, después de su viaje de fe, los viajeros tenían una marca registrada grabada en su piel, muchas veces el diseño representaba una imagen vinculada a la devoción, pero con el tiempo, también se difundieron símbolos que no eran precisamente sagrados sino significativos, como anclas, corazones, calaveras, etc.

Pocas familias de 'grabadores' se encontraron alrededor de la Santa Casa para tatuar viajeros, tenían disponible un pequeño 'catálogo' de diseños que podían grabarse en la piel mediante 'bolígrafos' de acero y el pigmento azul del índigo. Las tablillas de boj con las que se dibujó el dibujo aún se conservan en el *Museo Antico Tesoro della Santa Casa di Loreto*.

Quizás la práctica provenía en este territorio de la tradición del tatuaje que se había desarrollado entre los cruzados, era una señal de reconocimiento del cristianismo para los soldados y esto les garantizaba un entierro eclesiástico; o podría remontarse a la imitación de los estigmas que recibió Francisco unos siglos antes en La Verna.

Tras siglos y siglos de práctica, la tradición del tatuaje estaba prohibida, en parte continuaba en secreto, tanto es así que hasta hace unas décadas todavía era posible encontrar granjeros y campesinos en la campiña de Marche con un símbolo de color índigo grabado en la muñeca o el antebrazo con un símbolo índigo grabado en la muñeca o el antebrazo, uno de estos campesinos era mi bisabuela.

TATUAJES SAGRADOS Y PROFANOS DE LA SANTA CASA DE LORETO
por Caterina Pigorini Beri

Al recopilar las supersticiones, los cuentos de hadas, las leyendas y las creencias de los Apeninos de Marche, me llamó la atención una costumbre única que se encuentra en casi todas las poblaciones del antiguo Piceno, encerradas entre el mar y el río Tronto, la región de Umbría y los Abruzzo. Esta población sencilla, amable e inteligente en la que las civilizaciones umbría y etrusca parecen haberse confundido y casi fusionado, tiene el uso de tatuarse a sí mismos; los hombres se tatúan individualmente y es fácil de descubrir porque generalmente se tatúan los brazos a la altura de las muñecas.

El observador se sorprende al ver en los trabajadores del campo, con las mangas arremangadas, estos símbolos simbólicos de color azul: una figura, un lema, una cruz y los símbolos de la Pasión con el Sol y la Luna, o el del Espíritu Santo, y uno o dos corazones sobre un globo, a veces con una estrella; luego una milésima, eterna, indeleble *no me olvides*, como dice la canción.

La cosa parece tan natural y tan común que ni siquiera hablamos de ello. De hecho, que yo sepa, nadie en el país ha mencionado nunca esta extraña costumbre, propia de una región, y que tiene y debe tener necesariamente una gran importancia etnográfica y histórica.

Siguiendo la investigación científica y buscando el motivo de una costumbre tan singular, que se ha vuelto tan común que ni siquiera llama la atención de quienes son objeto de estudios de tatuajes de poblaciones bárbaras y primitivas y de las cárceles y otros misterios y lugares muy infelices, he podido no solo saber dónde y por quién se practican estos tatuajes, sino que también he llegado a poseer casi un centenar de *clichés* de madera frutal muy antiguos, quizás grabados se inyecta con un clavo, y de dos punzones o bolígrafos, con los que se inyecta en carne viva, del color de extraños jeroglíficos.

La estrafalaria colección encontrada inesperadamente, y de la que me complace poder presentar los grabados auténticos, es el resultado de un secuestro que se produjo desde el inicio de nuestro Risorgimento[1] cuando la sabiduría civil de los gobernantes investigó y buscó con amor y fe las actitudes, costumbres, odios y amores de

---
1 Período que condujo a la unificación de Italia, alrededor de 1815 — 1871

los pueblos redimidos, para oponerse a todo mal remedio, a cada falta, a cada desgracia es un alivio. Este secuestro se llevó a cabo de un hombre muerto; una clase social que, a pesar de la obra de misericordia que se le ha encomendado, es muy repugnada por la población picena, y que es muy probable que siga practicando esta industria de la mancha, porque los peregrinos de la Marca siguen tatuándose.

Todo el mundo conoce la leyenda de la piadosa Casa de Nazaret, que huyendo de la persecución de los turcos, se dirigió entre Istria y Dalmacia a la ciudad de *Fiume* (Rijeka)[2]: y que entonces,

---

2   Véase a este respecto el singular libro de Montaigne, *Journal du voyage en Italie*, publicado por Alessandro D'Ancona, con notas ilustrativas que son en sí mismas un libro (Lapi, Città di Castello, 1889). El Montaigne menciona esta especie peregrina de los Schiavoni. Él mismo, a pesar de las medidas adoptadas por el iniciador de la nueva filosofía, no desdeñó participar en ella. - Más allá de eso, dice: «*J'y peus trouver a toute peine place, et avec beaucoup de faveur, pour y loger un tableau dans lequel il y a quatre figures d'arjant attachées: cele de notre Dame, la miene, cele de ma feme, cele de ma fille. Au pied de la miene, il y a insculpé sur l'arjant: Michael Montanus, Gallus Vasco, Eques Regij Ordinis,1581: a cele de ma fame: Francisca Cassaniana uxor : a cele de ma fille: Leonora Montana filia unica: et sont tontes de ranc a genous dans ce tableau, et la Notre Dame en haut au devant.*»

De nada sirve buscar hoy el voto que hizo el autor de los Ensayos en el Santuario de Lauretano, que al ser plata se fundió con otras y quizás se acuñó, ya que no es, como D'Ancona, la que existía más en 1792, antes de la confiscación y la depredación francesas.

Además, habría sido un documento humano muy inusual ofrecer esto al santuario del moralista caprichoso, que precedió a la filo-

cuando reinaba Su Santidad el Papa Bonifacio VIII, y precisamente en la noche del 10 de diciembre de 1294, la Casita cruzó el Adriático y se instaló en una colina propiedad de dos hermanos Antici, quienes, al ver la copia grande de las ofrendas de los fieles, se sintieron tentados y parecía que ellos también se preguntaban: *In temple quid fecit aurum*? (trans. ¿Qué hizo el oro en el templo?) y buscaron la solución a la manera de Caín y Abel: *hermanos cuchillos*, como dice el proverbio de Marche. Fue un gran escándalo; justo antes de que el Papa definiera la disputa y el majestuoso templo se elevara por encima de ella, lo que la convierte en uno de los monumentos más espléndidos del cristianismo, la Casita interrumpió la cuestión y se estableció en un bosque de Madonna Lauretta, o mejor dicho, como se prefiere, en un bosque de arboles de laurel, que se inclinó ante el suelo que la rodeaba, del que se tomaría precisamente el nombre de Loreto; si no se quería seguir el eteo simbología de Vittoria Colonna, quien en su carta a favor de los capuchinos, a quienes está encomendado el templo, la llama *Madonna de l'Oreto* (trans. Nuestra Señora del lugar dorado).

---

sofía cartesiana y abrió así el camino al pensamiento moderno por primera vez en Francia.

La lucha de los dos hermanos Antici, que acuden en masa por el oro del templo, está representada en el revestimiento de la Santa Casa tallado en mármol de Carrara por Sansovino, por Sangallo, por Bandinelli, por Raffaele di Montelupo, junto con la historia de la Virgen, la Pasión, la traslación, los profetas y las sibilas. Todo ello entusiasmó a Canova,[3] que aconsejó a sus alumnos para ir durante las fiestas a inspirarse en esas paredes. Se puede ver que la *Sacra auri fames*[4] era un hábito de la familia Antici, porque a través del atavismo también descendió a la madre de ese Giacomo Leopardi[5], a quien las montañas azules, no muy lejos de donde descansaba la Santa Casa,

---

3   Antonio Canova (1757 — 1822) fue un escultor neoclásico italiano, famoso por sus esculturas de mármol. Considerado a menudo como el más grande de los artistas neoclásicos, su obra se inspiró en el renacimiento barroco y clásico, pero evitó el melodramatismo del primero y la fría artificialidad del segundo. (de Wikipedia)

4   La maldita codicia por el oro. Una expresión que expresa la máxima de San Pablo de que el deseo de dinero es la raíz de todos los males. (de www.catholicculture.org)

5   Giacomo Leopardi (1798 — 1837) fue un poeta, ensayista y filólogo italiano. Es considerado uno de los pensadores más radicales y desafiantes del siglo XIX. Aunque vivía en un pueblo apartado de los conservadores Estados Pontificios, entró en contacto con las ideas principales de la Ilustración y, a través de su propia evolución literaria, creó una obra poética notable y reconocida, relacionada con la época romántica. La fuerte calidad lírica de su poesía lo convirtió en una figura central en el panorama literario y cultural europeo e internacional. (de Wikipedia)

le impidieron ver las cosas hermosas, cuando los mundos arcanos, la felicidad arcana en su vida y quien debería maravillarse ante la historia de esa traducción, narrada por su padre de esa manera que la propia Iglesia tenía que rechazarlo.

Incluso ahora, la noche del 10 al 11 de diciembre, toda la campiña picena alrededor de medianoche, hora de la traslación, las campanas suenan durante mucho tiempo: hay una explosión de morteros y disparos que despiertan la montaña y la alegran; y desde el monte Sibila hasta el puerto de San Benedetto del Tronto, desde el rio Chienti hasta el rio Esino, toda la región arde: ninguna casa está en la oscuridad, como si quisieras iluminan el camino a la deseada y maravillosa casita: se encienden las antiguas hogueras, los fuegos artificiales de la alegría religiosa y se cantan alabanzas a María, que a veces se alternan con canciones de amor.

Maria piccina
La dico ogni mattina
Ogni mattina la dirò
In paradiso ci anderò...

(María pequeñita,
la diré cada mañana,
cada mañana la diré,
al paraíso iré...)

y así sucesivamente; seguido de cosas extraordinarias como esta que no tiene nada que ver con la Santa Casa:

Quanto mi piace vestir turchino
Perché ci si veste l'onde dello mare.
E ci si veste pure la mentuccia
Verde la rama e turchinella tutta:
E ci si veste pure lo mentone
Verde la rama e truchino lo fiore!

Ho fatto un pianto accosto alla marina
Pure li pesci ho fatti lagrimare:
Me l'hanno detto, povera meschina
sta penitenza chi te la fa fare:
Me la fa fare un giovane crudele
Che m'ha lasciata e non mi vuol più bene;
Me la fa fare un giovane vivace
Che m'ha lasciata e non vuol far la pace.

(¡Cómo me gusta vestir azul turquesa!
Porque se viste como las olas del mar.
También se viste la hierbabuena
Verde el tallo y todo turquesa:
Y también se viste la menta
Verde el tallo y turquesa la flor.

Lloré al lado del mar
Hice llorar hasta a los peces:
Me dijeron, pobre de mí,
¿Quién te obliga a hacer esta penitencia?
Me obliga un joven cruel
Que me dejó y ya no me quiere;
Me obliga un joven vivaz
Que me dejó y no quiere hacer las paces.)

En esta alternativa de amor y dolor, adoración y pasión, también incluimos los tatuajes de amor que se mezclan en la larga corona de tablillas grabadas con imágenes de Dios y la Virgen.

El peregrinaje que se hace a Loreto para la fiesta de la Natividad en septiembre es una mezcla de jóvenes y jovencitas vestidas de gala, con los corales tradicionales, los grandes anillos con estrellitas tintineantes en las orejas, y el pañuelo rojo, atado a modo de turbante. Caminando, en esos carros de muchos asientos que llaman *cacciatore*, tirados por los burritos pacientes y adornados de rojo contra la envidia (el ojo malo) o en *birocci*[6] con flecos tintineantes, y sujetos por la morsa y guiados por las riendas por el campesino, que adornará su sombrero con una hermosa

---

6   Carro tirado por animales de dos o cuatro ruedas para transportar cosas.

palma[7] comprada y bendecida en la Santa Casa, este peregrinaje múltiple, mezclado, que se detiene durante la noche en el campamento delante del templo, como en La Meca, es casi todo un peregrinaje amoroso: una poesía sincera, primitiva, llena de encantos y de esplendores, que merecería el pincel de Michetti y la pluma de De Amicis.

Los *ciociari*[8] se mezclan con los abruzzesi, los umbros con los marchigiani, y en largos tramos de tiempo bajan los istrianos y los dálmatas[9] con su lamento, porque la Santa Casita se ha ido de allá: y como los albaneses del sur de Italia, que se vuelven hacia el este, cantan: *O bella Morea, dacchè ti ho lasciata più non ti vidi* (Oh bella Morea, desde que te dejé no te he vuelto a ver), ellos entonan piadosamente:

> *Ritorna a noi, bella Signora,*
> *Ritoma a noi, Maria.*
> *Colla tua casa!*

---

7   Pequeña rama de olivo, tradicionalmente considerada como un símbolo de paz (en alusión a la historia de Noé en Génesis 8:1, en la que una paloma regresa con una rama de olivo después del Diluvio).
8   Las personas de la Ciociaria, región del centro de Italia que corresponde aproximadamente a la provincia de Frosinone.
9   Personas de Istria y Dalmacia, regiones ubicadas en Croacia en las orillas este del mar Adriático.

(Vuelve a nosotros, bella Señora,
Vuelve a nosotros, María.
¡Con tu casa!)

Luego, la peregrinación se interrumpe: una parte va a Asís, otra a Sirolo, o mejor a Umana[10], donde se encuentra el Crucifijo de Sirolo, ya que dice el refran popular:

Chi va a Loreto e non va a Sirolo
Vede la Madre e non il Figliolo

(Quien va a Loreto y no va a Sirolo,
Ve a la Madre y no al Hijo pequeño)

Este *crucifijo de Sirolo*, muy reproducido en la piel de devotos peregrinos, es único porque está vestido como el que describe San Gregorio de Tours y como el de San Cosme y Damián en Roma, en el que muestra su origen griego: la reproducción incesante de la Pasión y sus emblemas, pero, sobre todo, San Francisco con las Estigmas, como puede verse en el burdo grabado, me han llevado a una conclusión que creo que es verdadera.

---

10   Umana es el antiguo nombre del pueblo, hoy en día el nombre ha cambiado a Numana, cerca de Ancona.

La investigación científica tiene ese atractivo, que al dar a todas las cosas su razón de ser, no deja tranquilo a quien se ocupa de ellas, si solo falta un eslabón en la cadena de las armonías humanas.

Ningún otro santuario tiene tantos tatuajes (aunque hay otros santuarios que tienen esta extraña costumbre) como el de Loreto; y un hecho digno de la mayor atención es que el tatuaje sagrado de Loreto, sin hablar por ahora de lo amoroso que es una consecuencia directa de ello, tiene una variedad única de tipos y figuras simbólicas que nada tienen que ver con el feliz acontecimiento de la traslación, que alegra tanto a los simples habitantes del Piceno.

Entendemos muy bien el grabado de la Virgen en todos los símbolos y en todas las figuras y en cuánto pueda tener que ver con ello: pero San Francisco, que vivió casi un siglo antes de la traslación (*Tab. II, 11*); los emblemas de la Pasión (*Tab. IX*); el Crucifijo de Sirolo (*Tab. VIII, 10bis, 11,12bis*), que tiene una historia aún más milagrosa (si es posible) que la Santa Casa, y al que la tradición asigna un siglo y medio de anterioridad al convento de Sirolo, fundado por San Francisco: este Crucifijo de Sirolo, del que es autor Nicodemo, llevado por Carlomagno, enterrado durante tres siglos en la tierra, cuyas ampollas milagrosas de sangre y agua se ocupó el Concilio de Nicea: este Crucifijo de Sirolo, que dos años después de la traslación, fue llevado flotando por las olas marinas a Umana; Santa Clara (*Tab. II, 12,13*), contemporánea y conciudadana de San Francisco, con la palma de su virginidad y la pyxis en la mano, ella que siendo mujer y santa sabía que no podía tocarla, puesta en el acto de evitar el peligro inminente del ataque sarraceno a su convento de las Clarisas Pobres y de exclamar las palabras valientes: *Domine, ne tradis bestiis animas confitentes tibi* (Señor, no entregues las vidas de tus fieles en manos de estas bestias salvajes.); todo esto y todo lo demás que se nota y se notará en particular en este tatuaje, deja completamente del tema de la Santa Casa.

Investigando las tradiciones y leyendas de estos pueblos que poseen auténticos tesoros de lengua, poesía y arte, no muy lejos del lugar donde Fra Jacopone y San Francisco dieron a Italia su primer acento materno a Italia; desde lo conocido subiendo hasta lo desconocido, y hurgando en la poesía, la leyenda y la historia, se puede indicar casi con certeza cómo, por qué y cuándo se originó este tatuaje sagrado.

Los Frailes Menores, en sus leyendas orales, atribuyen al pobre de Asís (San Francisco) una profecía en forma de acrónimo de la palabra *Picenum*, que habría anunciado la traslación de la Santa Casa casi un siglo antes. Esta profecía, que doy tal como me la dieron, se hizo cuando San Francisco, dejada el hermoso valle que lle arrancó las amables palabras: *Nil jucundius vidi valle mea Spoletana* (No he visto nada más alegre que mi valle de Spoleto), antes de retirarse al Alverno[11], donde recibió los Estigmas, fue al Conero o Monte di Ancona, para fundar el convento de Sirolo, del que toma su nombre el crucifijo de Umana, y mirando hacia el bosque que más tarde fue de Madonna Lauretta, pronunció la palabra Picenum, ilustrándola así:

    P ortatur   (Se lleva)
    J uxta   (Cerca de)
    C onerum   (El Monte Conero)
    E dicula   (La casita)
    N azarene   (de la Nazarena)
    V irginis   (Virgen)
    M arie   (María)

---

11   El nombre real es La Verna. Es un monte situado en los Apeninos toscanos. Es uno de los lugares franciscanos más famosos y notorios. Esto se debe a que en La Verna, San Francisco, después de mucho tiempo de oración y penitencia, recibió los estigmas el 17 de septiembre de 1224. Después de este evento milagroso, incluso muchos años después, La Verna se convirtió en un punto focal de creciente peregrinación, lo que llevó a que se convirtiera en un gran destino religioso.

Así pues, me parece que el tatuaje sagrado de Loreto debe su origen a los estigmas de San Francisco para reproducir el símbolo y la figura: y lo confirmaría la costumbre que tienen de tatuarse en el antebrazo cerca de la mano y también en la mano, en lugares donde se puede derramar tanta sangre que basta para inyectarte la tinta índigo.

El tatuaje de Loreto tiene un origen exclusivamente místico; no se puede confundir con los tatuajes que nos llegan de las civilizaciones primitivas: es lo que se podría llamar una institución. Y incluso el amoroso, que aparece a primera vista en los numerosos grabados que se presentan, tiene el carácter especial de un juramento a Dios que podría resumirse en los versos de Fra Jacopone:

Quanto è al mondo m'invita ad amare
Bestie ed uccelli e pesci dentro il mare;
Ciò che è sotto all'abisso e sopra all'are.

Cuánto en el mundo me invita a amar
Bestias, pájaros y peces en el mar;
Lo que está debajo del abismo y por encima
del aire.

Y si la causa de esta extraña ceremonia religiosa hubiera de atribuirse a los estigmas del Santo, es casi seguro que se podría establecer la época en que comenzó a practicarse; y habría sido bajo el pontificado de Sixto V[12], de la región de origen de Marche, de la Orden de San Francisco, hijo de Marianna da Camerino, donde por obra de Caterina Cybo se estableció el primer convento de frailes Capuchinos, quienes tienen el honor supremo de limpiar el suelo del templo lauretano; quien amplió y e hizo magnífica la iglesia de la Porciúncula en Asís; rodeó de murallas la ciudad de Loreto; estableció, mejor dicho, renovó a los Caballeros Lauretanos[13]; amplió el Colegio Ilírico y estableció numerosos privilegios, que ahora no importa mencionar, para defender el Santuario de las invasiones de los turcos, siempre amenazantes en el Adriático; lo que también explicaría por qué los pescadores y marineros de la costa están tatuados.

Las comparaciones pacientemente establecidas al estudiar los groseros grabados en relación a la

---

12   El Papa Sixto V o Xystus V (1521-1590), nacido como Felice Peretti di Montalto, fue el Papa de la Iglesia Católica desde el 24 de abril de 1585 hasta su muerte en 1590. De joven, se unió a la orden franciscana.

13   Los caballeros Lauretani fueron una Orden Ecuestre establecida en 1545 por el Papa Pablo III. El objetivo era crear una defensa para la Santa Casa de Loreto para preservarla de ataques por tierra y mar, especialmente de barcos piratas que azotaban el Mar Adriático.

historia parecen confirmar esta tímida opinión.

Sixto V, al establecer todos los privilegios para la ciudad de Loreto, con la obligación de luchar contra los turcos, estableció que el escudo de armas de la ciudad de Loreto era la Virgen sentada sobre la Santa Casa colocada sobre tres montes entre dos ramas de peral con el lema Felix Lauretana Civitas, simbolizando así parte de su escudo de armas y su nombre, Felice Peretti, cardenal de Montalto. Y en los grabados vemos precisamente a una Virgen coronada por los ángeles y sostenida por un peral entero, de la cual dos frutos gigantescos se elevan en la cima.

Y las tres características distintivas de este tatuaje son notables, las transformaciones y adiciones que evidentemente han seguido y luego han hecho camino juntos hasta llegar a nosotros, como podría demostrar la figura de Santa Filomena mártir, descubierta en este siglo en las catacumbas de Roma, y la Inmaculada Concepción, sueño eterno de los franciscanos, por lo cual el dogma fue pronunciado recientemente. Es decir, el primitivo, originario, en honor y semejanza a los estigmas de San Francisco; es decir desde la Virgen lauretana hasta el Crucifijo de Sirolo; de la figura de la Cruz a los signos de la Pasión y los estigmas del Santo; la de los Jesuitas con el nombre de María, de Jesús, con el Sagrado Corazón, con la cruz de Cristo despojado y con los rayos y aureolas del Ojo de Dios *(Tab. V, 21)*, que tienen en común con el franciscano el principal símbolo de Loreto, aquel amoroso que tiene los corazones unidos en cadena o trapasados, y la paloma con la rama de olivo de la paz, como Erminia que...

Sovente allor che sugli estivi ardori
Giacean le pecorelle all'ombra assise,
Sulle scorze dei faggi e degli allori
Segnò l'amato nome in mille guise.

(A menudo, cuando en el ardor del verano
yacían las ovejitas sentadas a la sombra,
Sobre la corteza de hayas y laureles
grabó su amado nombre de mil maneras)

Al tatuaje de amor *(Tab. XI)* propiamente dicho, le sigue, además del "marinesco" *(Tab. XII)* que se entiende de inmediato, el de las novias, con la figura del Espíritu, como promesa y un presagio: "Y la Palabra se hizo carne y habitó entre nosotros"; y el viudo con la calavera y tibias en cruz, y el *Memento Mei* o *Memento Mori* (*Tab. XII*) grabado debajo: este obviamente más moderno que ese también por la forma de las letras, y por el concepto de un místicismo casi romántico, como el que inspiró a Santa María Francisca Fremiot de Chantal, que después de la muerte de su marido se grabó el nombre de Jesús (IHS) en el pecho con un hierro caliente.

Si no se quisiera dar al tatuaje lauretano, tan particular y tan diferente de todos los tatuajes, esta razón de los estigmas, a los que me parece que lógicamente se puede atribuir, no se podría ir más allá de la última cruzada y precisamente después de 1291, época en que la leyenda afirma la traslación de la Santa Casa desde Dalmacia a Piceno: ya que en los tiempos de San Francisco y Luis IX, conocido el Santo, la Casa de Nazaret, según la tradición, aún no había cruzado el mar, y como no existía Loreto, no podía existir un tatuaje lauretano. Y en tal caso, se podría explicar que la disciplina de la Iglesia, rigurosísima en un tiempo en materia de sepultura, había establecido entre las grandes penas que castigaban a los herejes con la privación de la sepultura eclesiástica para aquellos que, afectados por lesiones o por una muerte violenta o repentina, no llevaran consigo ningún signo de religión.

Ahora los lauretanos que poseían la Casa de Nazaret más que los demás tuvieron que ir al Este. Por lo tanto, habría sido natural que se grabaran este signo indeleble encontrándose expuestos a las emboscadas de los turcos, no tanto por la sepultura como para que el turco o el infierno no prevalecieran.

Habría sido casi como el *Thau* en la frente de los hombres de los que habla Ezequiel en sus profecías, cuando los seis hombres llegaron por la calle, y cada uno de ellos tenia un instrumento de muerte, y también eras un hombre en medio de ellos vestido con ropa de lino y había colgado un tintero en sus caderas para grabar un *Thau* en la frente de los hombres que gemían y estaban afligidos por todas las abominaciones: y solo se sabe que esas personas se salvaron de la terrible orden del Dios vengador. "Maten a viejos, a jóvenes, a muchachas, a niños y a mujeres, hasta exterminarlos. Pero no se acerquen a ninguno sobre el cual esté la marca".

En cualquier caso, sea cual sea la época a la que se deba atribuir, estas inducciones son solo la primera investigación histórica para explicar el origen y la continuidad del tatuaje lauretano; ya que si se juzgara fuera de su contexto histórico, podría dar lugar a errores singulares y desviar a los estudiosos antropológicos, quienes al aplicar los principios de la ciencia positiva se desviarían de la verdad.

Es indispensable que en el examen de los hechos morales se tenga esa absoluta independencia que es necesaria para la búsqueda de la verdad, y para librarnos del prejuicio de la infalibilidad y del apriorismo.

Siguiendo escrupulosamente este método y con esa perseverancia de investigación imparcial que puede llevar a la solución de este y otros graves problemas científicos y psicológicos, se me hizo un descubrimiento nuevo y singular que dejo con placer a los estudiosos. Un día, el famoso franciscano, padre Agostino da Montefeltro, estaba predicando en Roma en la iglesia de San Carlo al Corso, lo que ha llenado el mundo de la fama de su elocuencia. En esa iglesia había una enorme multitud de personas de todas las condiciones y edades, en particular las corporaciones del clero regular y secular, acudieron para escuchar su palabra. Entre esa multitud observé a un colegio de sacerdotes misioneros con características orientales, y varios de ellos tenían sus manos tatuadas. El instinto de la investigación me acercó a ellos y me llevó a iniciar un discurso que fue interrumpida por el celo de un fanático más papista que el papa, que inspiró en esos modestos héroes de una idea sublime y admirable el escrúpulo de una indiscreción por mi parte. Pero el diálogo no fue tan brutalmente interrumpido que no supiera de uno de ellos que era nativo de Beirut, la tierra del Crucifijo de Sirolo, y su compañero que estaba a su lado de Damasco, que quizás vinieron a Roma con los misioneros irlandeses, y de hecho hablaban inglés para aprender y profesar el apostolado católico y luego predicarlo en el idioma del país a los infieles. Ahora bien, las figuras que esos misioneros tenían en las manos eran dos: una no pude descifrarla por las interrupciones llenas de escrúpulos del católico celoso, que no permitió a esos buenos eclesiásticos abandonarme su mano inocente, pero era en todos una cimitarra turca que destacaba en color azul sobre la piel bronceada, y ese hombre piadoso me dijo fugazmente que esos dibujos eran los juguetes que hacían los italianos cuando iban a los lugares sagrados. Evidentemente, él y sus compañeros tatuados nacieron mahometanos y esas figuras representaban el estigma de su religión antes de que el bautismo borrara el culto original con el pecado: y ese juguete de los italianos era como el sello, la etiqueta de la raza, que muy probablemente se les impone para distinguir a los que nacieron cristianos y los redimidos. Pero esto demuestra una cosa más: es decir, que el tatuaje practicado en las manos desde Beirut hasta Damasco y finalmente en los lugares sagrados no es autóctono, sino importado; lo importan precisamente los italianos, que van allí como peregrinos y como misioneros. También es útil para mi modesta hipótesis sobre los estigmas de San Francisco señalar que el Santo Sepulcro y todos los lugares consagrados por la religión cristiana están custodiados y oficiados por los Franciscanos.

Sin embargo, el tatuaje de Loreto se practica con un proceso simple que es importante describir. Tiñe en lugar de aplicar el grabado rugoso sobre la carne, y apretado y cerrado para que quede la huella, con una velocidad increíble, el operador marca los contornos con un bolígrafo formado por tres puntas afiladas de acero combinadas con un mango con un cordón de un tejido grueso, marca contornos en puntos gruesos: una vez terminado, estira ligeramente la piel del paciente en cada lado hasta que salga sangre. Entonces aplica una tinta turquesa (índigo) que penetra y se instala en èl para siempre, dejando exactamente el dibujo.

La operación es dolorosa, pero después de veinticuatro horas el dolor desaparece.

Creo que los menos tatuados son los lauretanos, como ocurre en todas partes y en todas las cosas, que al igual que la voz que necesita un eco para engrosarse, ganan fe e intensidad a través de la distancia.

Las grandes propiedades de la Santa Casa tienen una población real de agricultores que sin duda se encuentran entre los más bellos de la región de le Marche: especialmente mujeres con cabello y ojos negros brillantes. Los campesinos de la Santa Casa llevan un traje especial: vestidos con una sarga negra, a menudo con un corsé que llevan sobre el guardapolvo que muestra las mangas y los dobladillos inferiores, pantalones abotonados hasta el tobillo, sujetos más estrechamente por una cinta roja en la cintura que por una hebilla y un cinturón, y con un sombrero cónico, recuerdan a las poblaciones calabresas: de la misma manera, las mujeres, vestidas con colores vivos, a menudo sin corsé, con un peine de cobre grabado, las mangas hinchadas y los adornos con pliegues densos, como las albanesas.

Llevan grandes provisiones a sus nuevos amos, en memoria de sus antepasados cuando llevaron el mosto de los históricos y colosales barriles a los sótanos de la Santa Casa, y el trigo al Palazzo del Bramante, para las limusinas a los pobres; y tenían medicamentos gratuitos en la farmacia, donde Raffaele da Monte Lupo pintó los jarrones y se podían escuchar leyendo los pactos y órdenes de Su Santidad dictado por su conciudadano Traiano Boccalini, quien era el escéptico y sabio intérprete, en salones cubiertos de pinturas de Guercino y Guido Reni, con cortinas que eran tapices diseñados por Raffaello Sanzio y Giulio Romano.

Esta leyenda, esta historia, esta ceremonia mística y llena de encantos, que se ha arraigado en el suelo, que se ha respirado con el aire de esas encantadoras colinas, siempre ha tenido una gran importancia para el legislador y el filósofo. Hoy ha adquirido una importancia aún mayor, porque ha podido proporcionar documentos a la ciencia experimental.

Que, en la búsqueda de los porqués de las cosas humanas, no puede disimularse la eterna, constante e insaciable sed que el hombre tiene por lo ideal. Ya sea que ascienda volando a las alturas serenas de la ciencia, ya sea que bañe con su sangre las costas inhóspitas y salvajes que representan la nueva tierra prometida de la civilización, ya sea que descienda bajo tierra en busca del secreto de su fe de nacimiento o pregunte al mundo invisible por la venganza de los inmensamente pequeños contra los inmensamente grandes, ya sea que busque en su corazón las razones de sus inquietudes con una curiosidad implacable o que imprima en su carne la marca de la humanidad redimida o del amor que fue su causa, origen y cumplimiento; el hombre siempre es el mismo bajo el sol, arrancando la chispa del cielo como Prometeo o el relámpago como Franklin, no puede evitar mirar hacia arriba y buscar allí la fe y la esperanza, para idealizar sus destinos y elevar su espíritu por encima de la prosa y la vulgaridad de la vida.

DIBUJOS DE LOS TATUAJES ORIGINALES

TATUAJES DE LA ORDEN FRANCISCANA

Figuras I

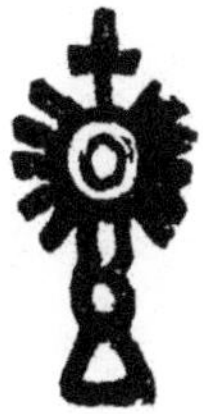

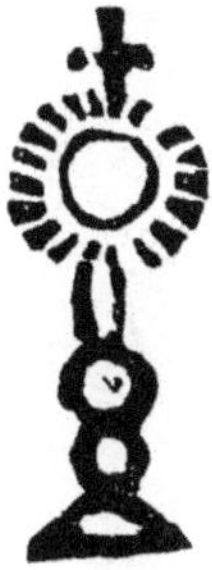

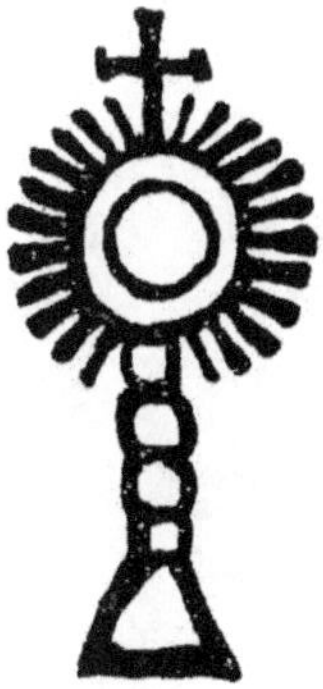

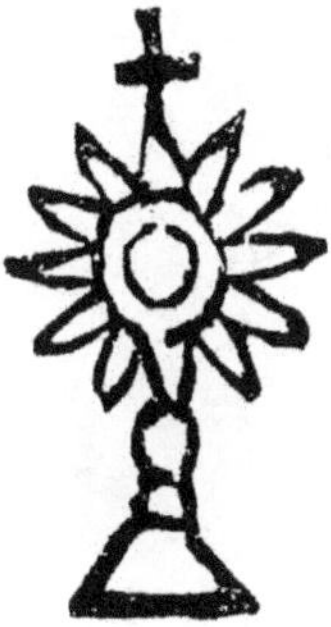

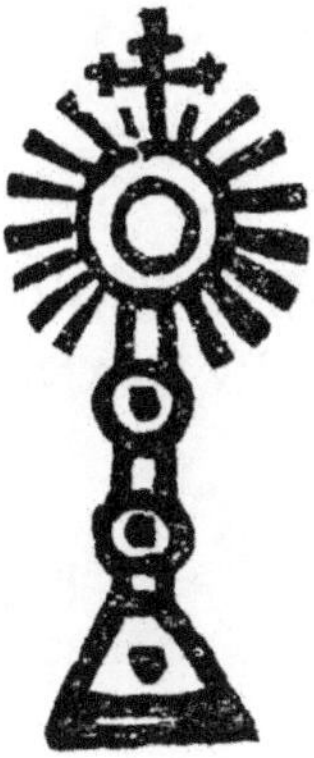

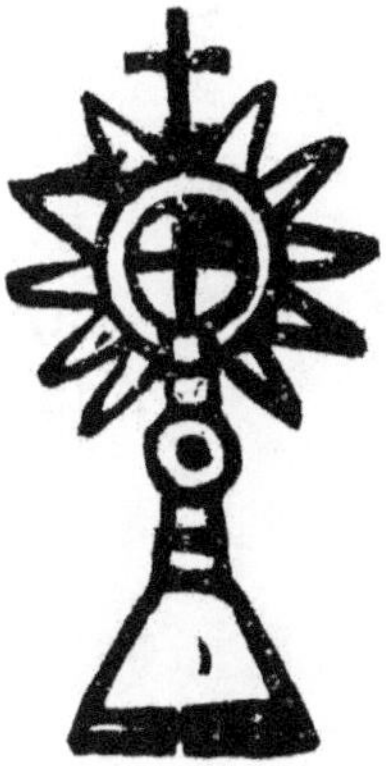

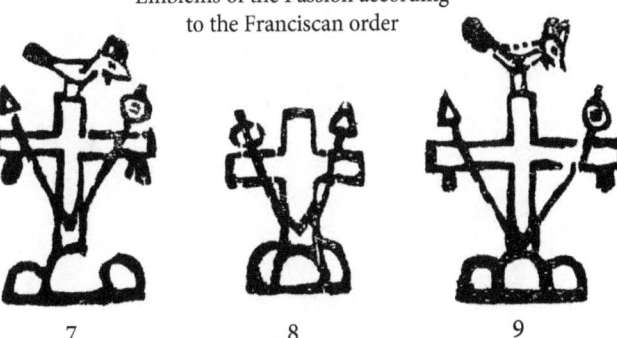

TATUAJES ATRIBUIDOS
A LA ORDEN FRANCISCANA

Figuras II

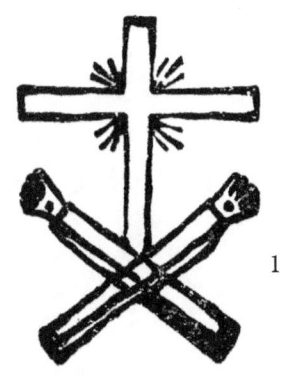

Símbolo de la Orden Franciscana

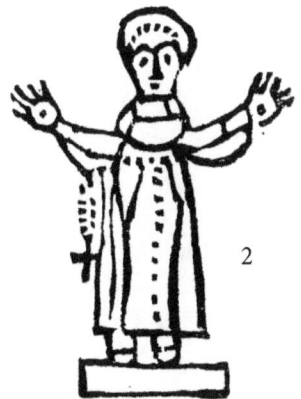

San Francisco de Asís con
los estigmas y el rosario

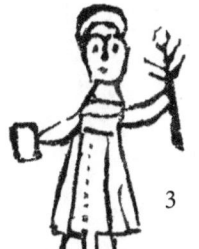

Santa Clara con la palma
y la custodi

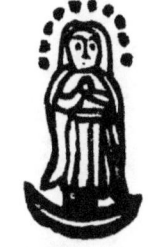

Inmaculada
Concepción

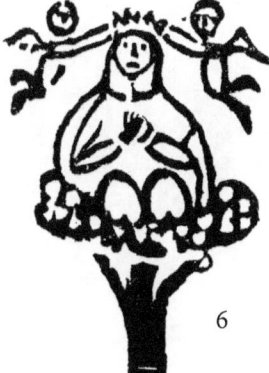

Madonna de los árboles

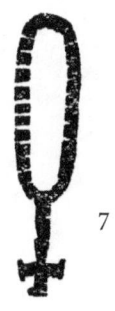

Rosario de San
Francisco de Asís

TATUAJES ATRIBUIDOS
A LA COMPAÑÍA DE JESÚ

Figuras III

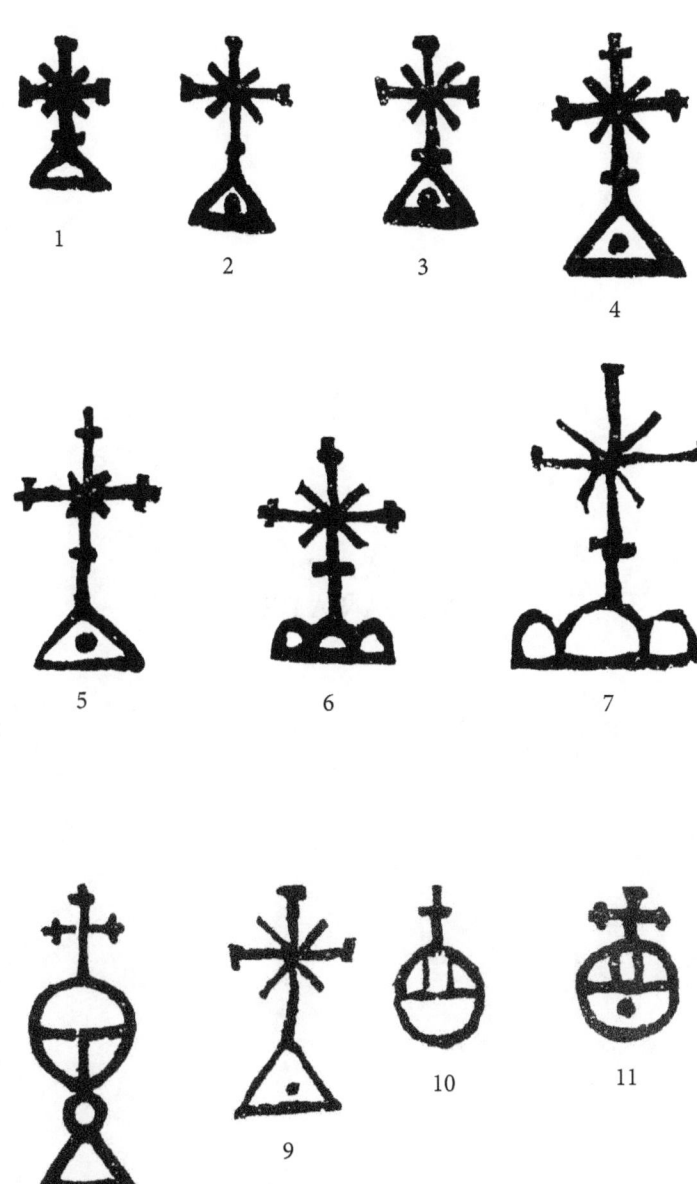

TATUAJES ATRIBUIDOS
A LA COMPAÑÍA DE JESÚ

Figuras IV

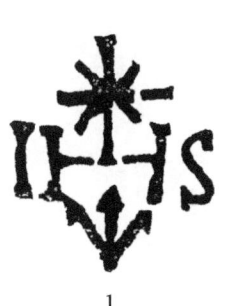

1

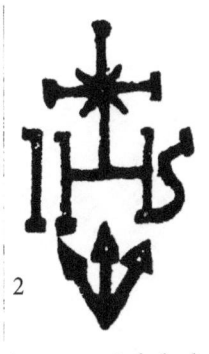

2

Cristograma símbolo de
la Compañía de Jesús

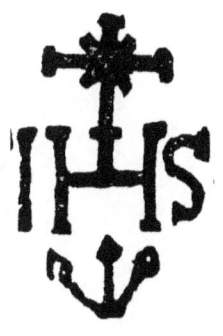

3

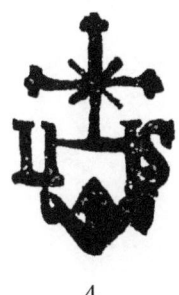

4

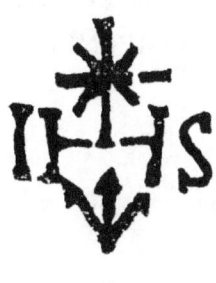

5

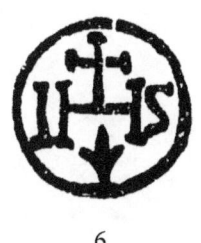

6

Ojo que todo
lo ve de Dios

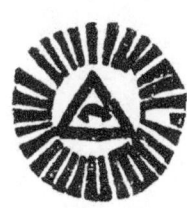

7

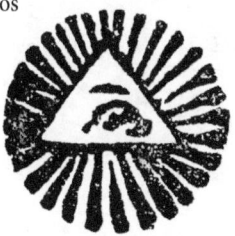

8

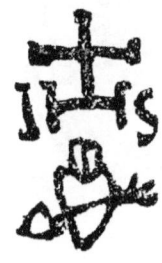

9

TATUAJES ATRIBUIDOS
A LA COMPAÑÍA DE JESÚ

Figuras V

Símbolo del sacramento eucarístico

Corazón Sagrado de Jesús con los signos de la Pasión

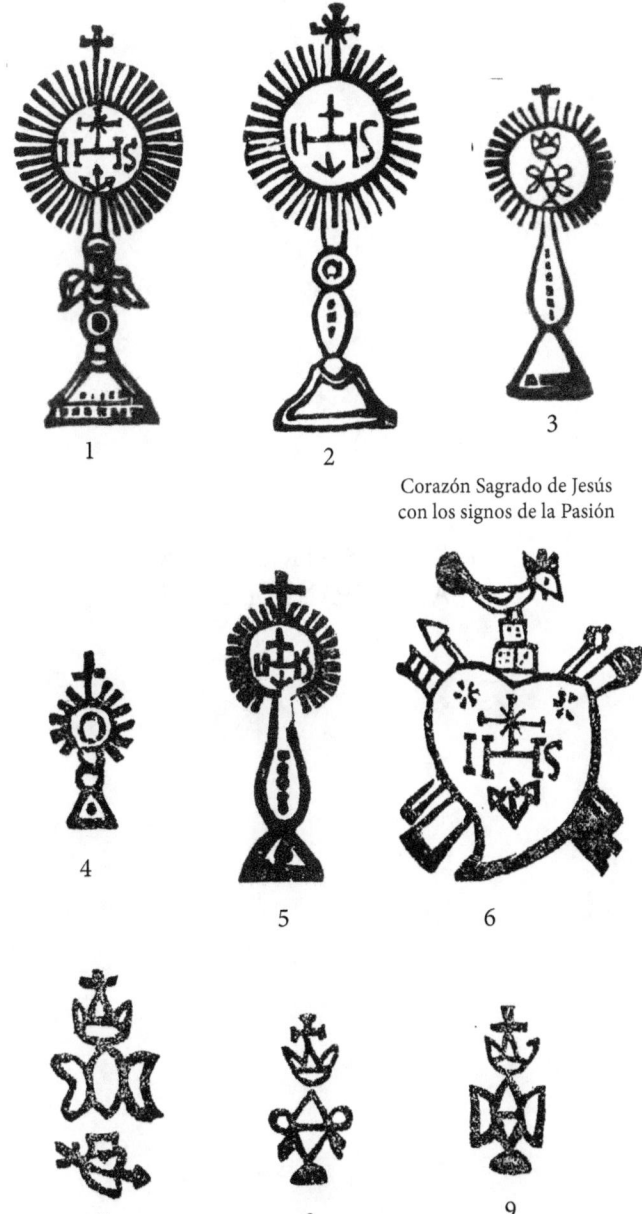

TATUAJES ATRIBUIDOS
A LA COMPAÑÍA DE JESÚ

Figuras VI

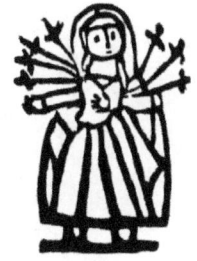

1

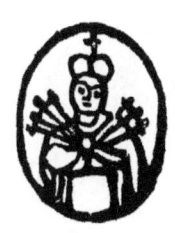

2
Virgen María de los Siete

3
Nuestra Señora de los

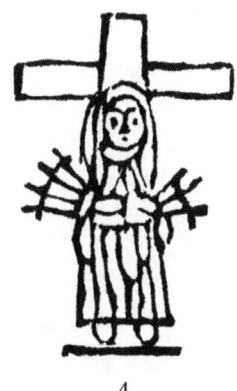

4

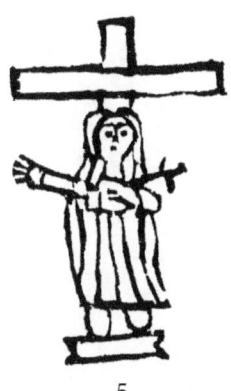

5

Nuestra Señora de los

Sagrado Corazón de

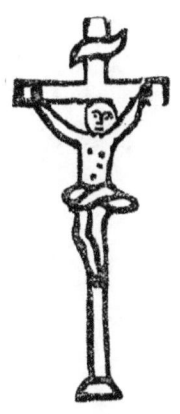

6

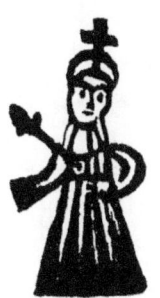

7

8

TATUAJES ATRIBUIDOS A LA ORDEN FRANCISCANA Y LA COMPAÑÍA DE JESÚS

Figuras VII

Nuestra Señora de Loreto con el Niño

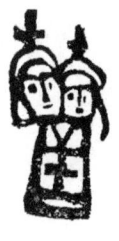
1

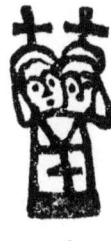
2

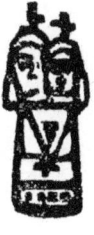
3

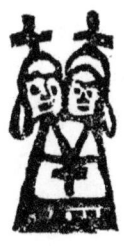
4

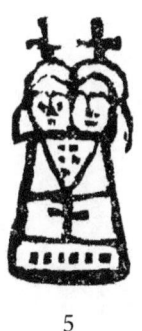
5

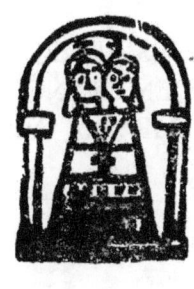
6

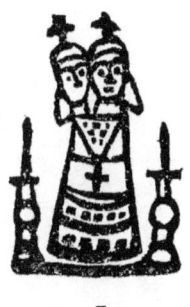
7

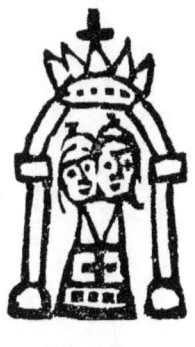
8

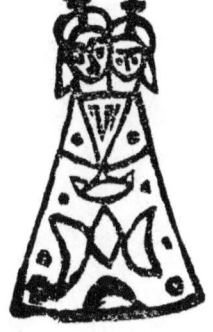
9

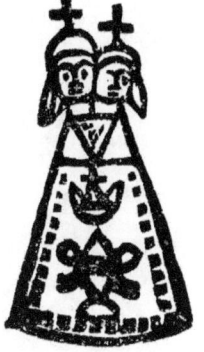
10

TATUAJES ATRIBUIDOS
A LA ORDEN FRANCISCANA
Y LA COMPAÑÍA DE JESÚS

Figuras VIII

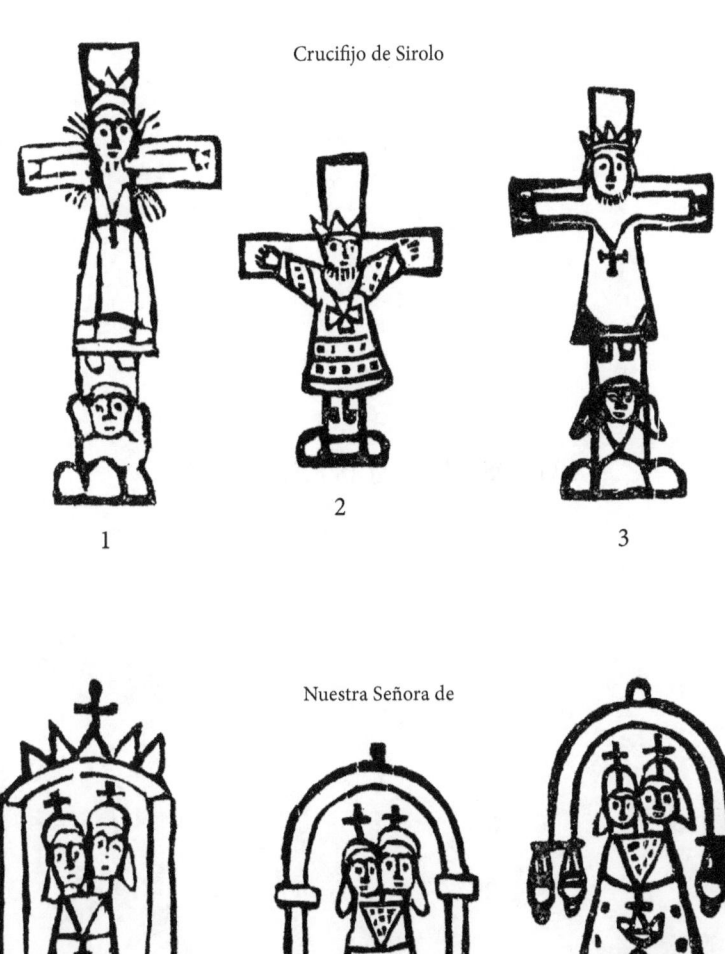

Crucifijo de Sirolo

1 2 3

Nuestra Señora de

4 5 6

VARIOS TATUAJES RELIGIOSOS

Figuras IX

Madonna del buen consejo o de Genazzano *

Reina del cielo

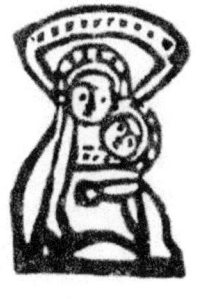
1

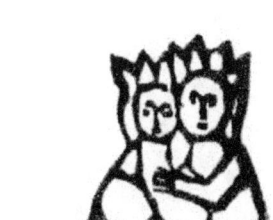
2   3

Madonna del Carmine

Emblemas de la Pasión

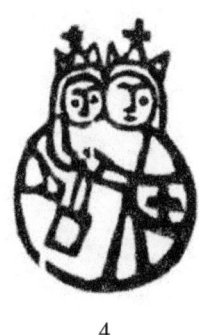
4

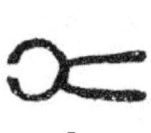
5

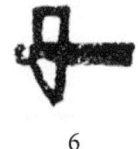
6

Globus cruciger

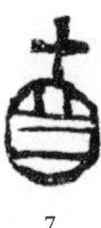
7

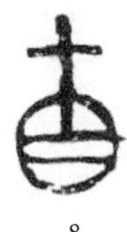
8

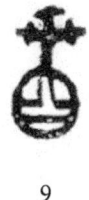
9

* La leyenda dice que apareció pintada en Genazzano en la iglesia de los Agustinos: la banda y la estela que representan el arcoíris como signo de paz por buenos consejos

VARIOS TATUAJES RELIGIOSOS

Figuras X

Pasión de Jesús
con sus símbolos

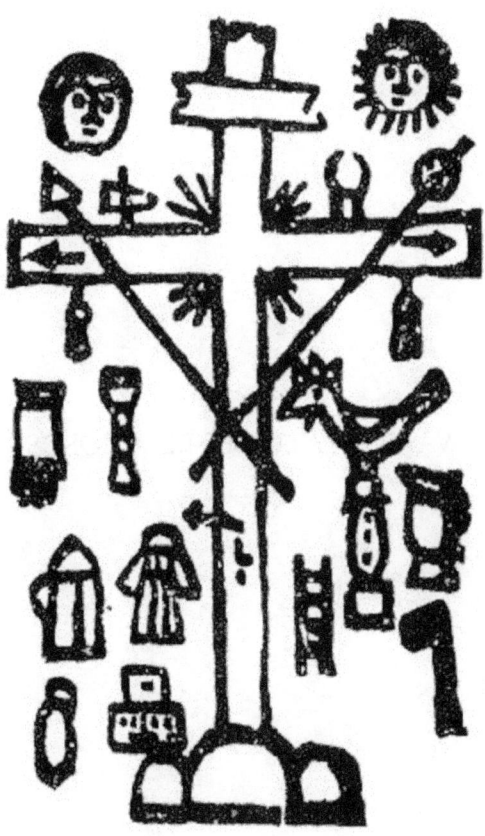

1

VARIOS TATUAJES RELIGIOSOS

Figuras XI

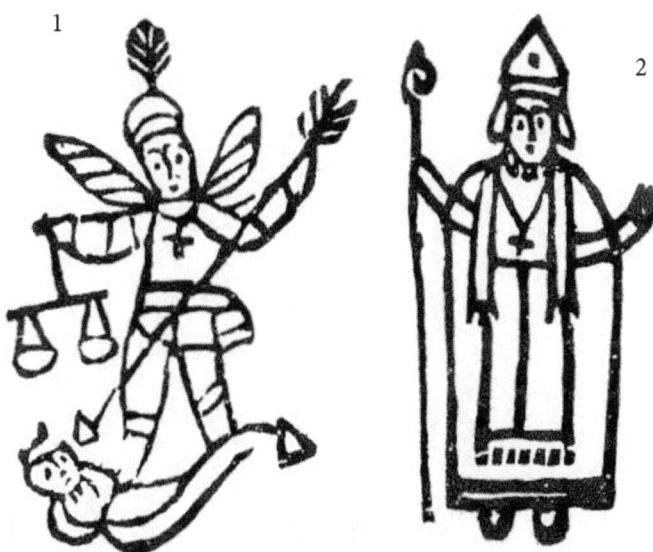

San Miguel arcángel que mata al dragón

San Emidio Obispo, protector de Ascoli Piceno contra los terremotos

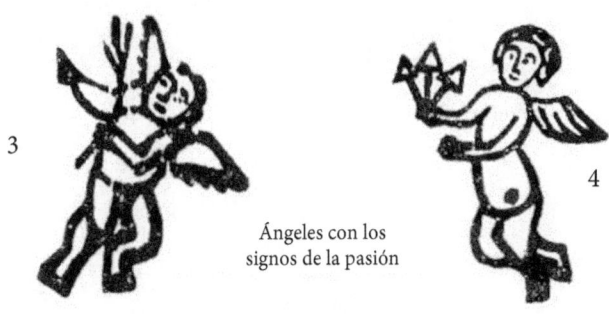

Ángeles con los signos de la pasión

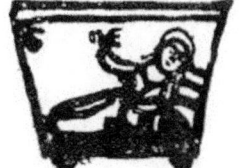

Santa Filomena descubierta en las catacumbas de Roma

VARIOS TATUAJES

Figuras XII

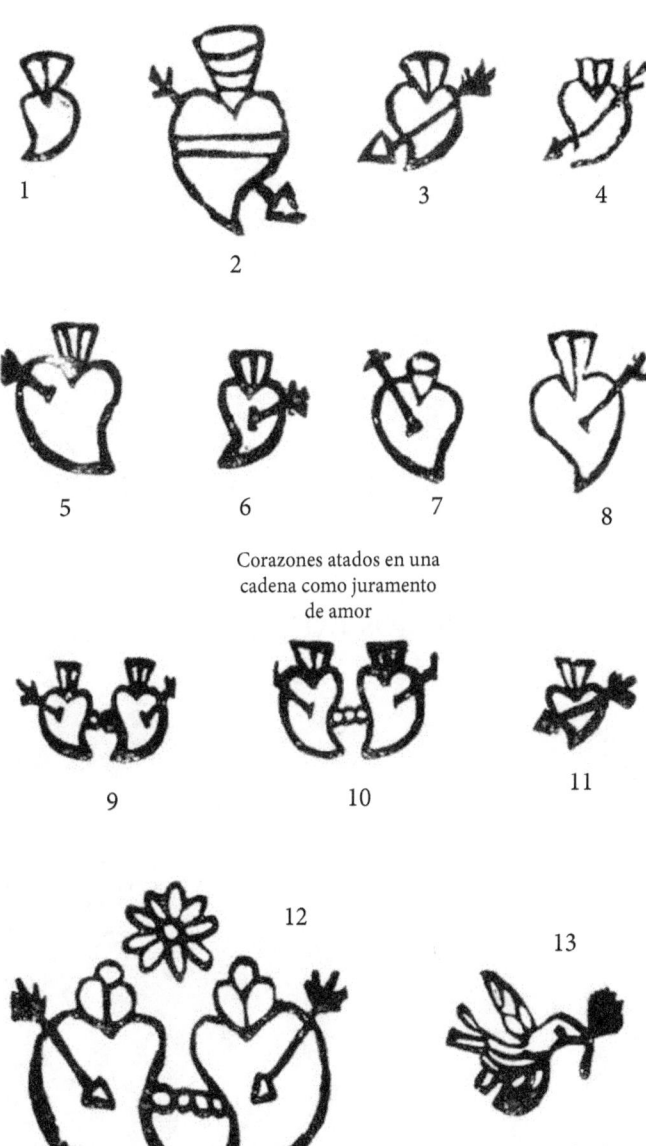

Corazones atados en una cadena como juramento de amor

Paloma con rama de olivo como signo de paz

La estrella (flor) podría indicar el amor de un marinero

VARIOS TATUAJES

Figures XIII

Tatuajes de novias jóvenes, según:
«El Verbo se hizo carne y habitó entre nosotros»

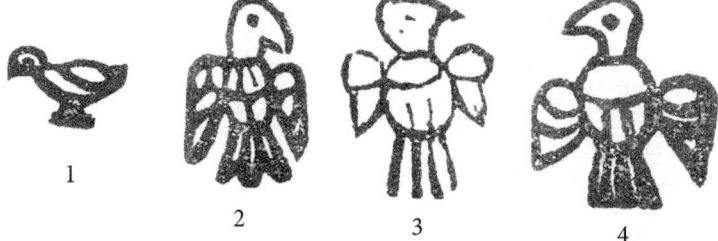

1   2   3   4

Tatuajes marineros

Tatuaje de viuda
Memeto Mori

 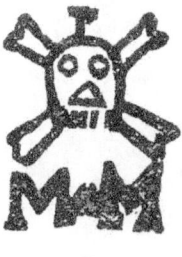

5   6   7

Bolígrafo de acero de tres puntas
con el que se practicó el tatuaje

Biografía de la autora

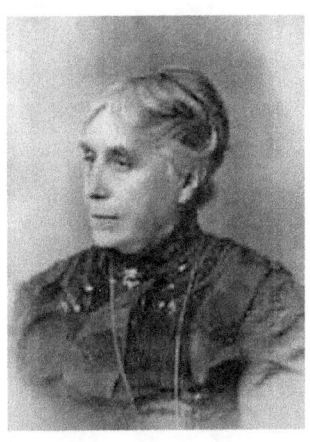

Caterina Pigorini Beri nació en 1845 en Fontanellato (PR - Italy). Hija del médico local y hermana del famoso paleontólogo Luigi Pigorini, realizó sus estudios por cuenta propia. Se convirtió en profesora en varias escuelas para niñas, incluyendo las de San Paolo y Macerata, tras lo cual fue nombrada directora de la Regia Scuola normal y del Internado Femenino de Camerino. En esta ciudad se casó con el alcalde y abogado Antonio Beri. Fue autora de varios escritos de novelas, cuentos y interesantes monografías sobre las tradiciones de algunas regiones italianas, incluidas las más importantes se encuentran *Costumi e superstizioni dell'Appennino Marchigiano* (1889) y *In Calabria* (1892). Después de una larga enfermedad que la afectó en 1915, falleció en Roma en 1924.

www.ingramcontent.com/pod-product-compliance
Lightning Source LLC
Chambersburg PA
CBHW070411230526
45471CB00006B/2758